<그리스도인이면 꼭 알아야 할 성경 지식>

성령의 아홉 가지 열매

서울솔로몬학교 성경연수원

차 례

이 책에 인용된 성경 구절은 〈한글킹제임스성경〉입니다.

제1과
순결한 마음으로 뜨겁게 사랑하라

『너희가 성령을 통하여 진리에 순종함으로써 너희 혼들을 정결케 하여 가식 없는 형제 사랑에 이르렀으니 순결한 마음으로 서로 뜨겁게 사랑하라』(벧전 1:22).

성령의 열매

『그러나 성령의 열매는 사랑과 기쁨과 화평과 오래 참음과 친절과 선함과 믿음과 온유와 절제니 그러한 것을 반대할 법이 없느니라』(갈 5:22,23). "성령의 열매"는 "아홉" 가지인데, 성경에서 숫자 "아홉"(9)은 "열매를 맺는 것"과 연관이 있다(고전 12:8-10, 갈 5:22,23, 레 25:22, 시 127:3, 행 10:3 등). 성령 하나님께서 "성령의 열매들"(복수)이 아니라 "성령의 열매"(단수)로 기록하신 이유는, 이 열매가 각기 서로 분리되어 있지 않고 "하나의 열매"로 묶여 있기 때문이다("하나의 포도송이"). 따라서 "아홉 가지 열매" 중 단 하나라도 결여되어 있다면, 그것은 "성령의 열매"를 맺은 것이 아니고, "육신의 일들"을 행한 것이 된다(갈 5:19-21).

한편 "성령의 열매"는 크게 "세 가지"로 구분되는데, "내적인 열매"(사랑, 기쁨, 화평)와 "외적인 열매"(오래 참음, 친절, 선함)와 "하나님을 향한 열매"(믿음, 온유, 절제)이다. 기본적으로 "성령의 열매"는 "성령으로 충만할 때"(엡 5:18) 맺을 수 있다. 이 중 "첫 번째 열매"가 "사랑"인데, 성령으로 충만하면, 우선 "하나님을 첫째로 사랑하는 열매"를 맺게 되고, 둘째, "옆에 있는 지체들을 사랑하는 열매"를 맺게 되며, 셋째, "지옥으로 질주하는 죄인들을 향한 연민이 끓어오르는 열매," 곧 "구령의 열정의 열매"를 맺게 되고, 넷째, "하나님의 말씀을 사랑하는 열매"를 맺게 된다.

"하나님"을 첫째로 사랑하라

『너는 네 마음을 다하고, 혼을 다하고, 생각을 다하고, 힘을 다하여 주 너의 하나님을 사랑하라. 이것이 첫째 계명이니라』(막 12:30).

하나님을 사랑하면 "하나님께서 기뻐하시는 일"을 행하게 되는데, 곧 "하나님의 계명들," 곧 "말씀들"을 지키게 된다(요 14:21). "말씀들을 지킨다는 것"은 두 가지를 의미하는데, "말씀들을 보존하는 것"과 "말씀들을 실제로 행하는 것"이다. "사랑의 열매"는 "말"이 아니라 "실천"이다. 사랑한다면 사랑하는 대상을 향해 반응을 나타내는데, 그 반응은 "말"이 아닌 "행동"으로 나타난다. 흔히들 사랑하는 대상이 생겼을 때, 사랑하는 대상이 원하는 것을 행하려고 하지, 사랑하는 대상이 싫어하는 일을 하려고 하는 사람은 없다. 이처럼 "하나님을 사랑하는 열매"를 맺는 성도라면, 당연히 하나님께서 원하시고 기뻐하시고 좋아하시는 것들을 행하게 된다.

하나님께서 원하시는 것들은 어디에 있는가? "하나님의 말씀들"이 기록되어 있는 "성경"에 있다. 그래서 하나님을 사랑하는 사람은 하나님의 말씀들을 지키는 사람이다. "하나님을 사랑하는 열매"를 맺는 성도는 하나님께서 주신 계명들을 지킴으로 그 사랑이 온전히 드러난다. 이런 점에서, "하나님의 말씀들을 지키고 있는지, 그렇지 않은지의 여부"는 하나님을 향한 우리의 사랑을 입증할 수 있는 "시금석"이요 "지표"가 된다. 사실 "하나님을 진정으로 사랑하는 성도"는 "나는 주님을 사랑해요!"라고 말할 겨를조차 없다. 왜냐하면 그는 이미 "하나님의 계명들을 열심히 지키는 것"에 몰두해 있기 때문이다. 구태여 "나는 주님을 사랑해요!"라고 입으로 말할 필요도 없다. 이미 그 안에 들어와 살고 계신 하나님께서 그 모든 사실을 알고 계시기 때문이다.

순결한 마음으로 "서로" 뜨겁게 사랑하라

『온 율법이 한마디 말, 즉 이 말로 이루어졌으니 "네 이웃을 네 자신과 같이 사랑하라."는 것이라』(갈 5:14).

이러한 "사랑"은 그리스도인이 거듭났다는 증거가 된다. **하나님의 자녀로 새롭게 태어난 우리는 다른 모든 그리스도인들과 나누는 "형제 사랑"을 통해 우리의 "새로운 출생"을 입증하게 된다**. 우리의 "형제 사랑"은, "정결하게 된 혼"에서 우러나오는 "가식 없는 사랑"이고, "순결한 사랑"이며, "뜨거운 사랑"이다(벧전 1:22). "뜨거운 사랑"을 하려면, "아무 가식 없이 순결한 마음으로" 사랑해야 한다. "예수 그리스도의 마음으로" 그리워해야 한다. "예수 그리스도의 마음"이란, "죽음에까지 자신을 내어 주신 하나님의 사랑"을 가리킨다.

"하나님의 사랑"은 "죄인들을 위해 죽으신 예수 그리스도"를 통해 나타났고, 이러한 사랑은 "형제들을 위해 생명을 내어 놓는 사랑"으로 연결된다. 『**이로써 우리가 하나님의 사랑을 아노니, 이는 그분이 우리를 위하여 자신의 생명을 내어 놓으셨음이라. 따라서 우리도 형제들을 위하여 우리의 생명을 내어 놓는 것이 마땅하도다. 누가 세상의 재물을 가졌는데 자기 형제의 궁핍한 것을 알면서도 그를 동정하는 마음을 닫으면 어찌 하나님의 사랑이 그 안에 거하겠느냐? 나의 어린 자녀들아, 우리가 말이나 혀로 사랑하지 말고 행동과 진리로 하자**』(요일 3:16-18). 사랑의 열매를 맺게 되면, 형제들을 사랑하게 되고, 특히 지체들의 허다한 죄들을 덮어 준다(벧전 4:8).

『소망이 부끄럽지 않은 것은 우리에게 주신 성령에 의하여 하나님의 사랑이 우리 마음속에 부어졌기 때문이라』(롬 5:5). 우리는 "우리의 힘"으로 누군가를 진정으로 사랑할 수 없고, 또 진정으로 용서할 수 없다. 그러나 우리 마음속에 부어진 하나님의 사랑을 통해 "진정한 사랑"을 할 수 있고, 또 "진정한 용서"를 베풀 수 있다. 형제자매에 대해 원망을 품고, 지체들을 용서하지 않은 채 쓴 뿌리를 가지고 대하는 사람은 누구인가? 자신이 용서하지 않는 그 형제자매를 위해 예수 그리스도께서 "갈보리 십자가"에서 피 흘려 죽으셨다는 것을 기억해야 한다. 사실 자신의 감정을 상하게 한 지체들을 전혀 용서하지 않으면서도, 자기가 지금까지 저지른 수만 가지의 죄들을 용서해 달라고 하나님께 간구하는 것만큼 치사하고 비열한 짓도 없다. 예수 그리스도의 피로 구속받고 모든 죄를 용서받은 우리 모두는 "일흔 번씩 일곱 번"이라도 우리 지체들의 죄와 잘못을 용서하고도 남을 만한 큰 자비와 은혜와 풍성한 사랑을 받은 사람이라는 사실을 잊어서는 안 된다.

"구령"의 열정

"사랑의 열매"를 맺으면 "구령의 열정"이 생긴다. 이 "사랑"은 자신의 아들을 아끼지 아니하시고 우리 모든 죄인들을 위해 그 아들과 함께 모든 것을 값없이 주신 "아버지 하나님의 사랑"에서 비롯되었다(요일 4:9,10). 이러한 사랑이 구원받은 성도, 특히 "성령의 열매"를 맺는 성도의 마음을 강권하는데(고후 5:14), 그 성도로 하여금 "죄인들에게 복음을 전파하도록" 길거리로, 공원으로, 기차역으로, 도시 근교로, 산간 마을로, 농어촌 마을로, 지방으로, 읍내 구석구석으로, 전 세계 오지로 몰아가는 것이다. **그 사랑은 우리로 하여금 하나님을 "섬기게 하는 최고의 동기"를 부여해 준다**. 주님을 향한 사랑은 성도를 움직이게 만든다. 계속해서 밖으로 나가 눈물로 복음의 씨앗을 뿌리도록 강권하고 있는 것이다(시 126:5,6). "구령의 열정"은 바로 이 "강권하시는 그리스도의 사랑"에서 나온다.

"잃어버린 혼들을 위해 하나님께 간구할 때, 다른 할 말은 없고 다만 안타까움에 고통스러워 울 뿐이다"(찰스 피니).

"사랑하는 사람이 물에 빠진 것을 보고 안타까워하지 않을 사람이 있겠는가? 사랑하던 사람이 죽어 집을 나서는 관을 바라볼 때 슬퍼하지 않을 사람이 있겠는가? 그럴 때 눈물을 흘리는 것은 당연한 일이다. 그런데 고귀한 혼들이 우리 주위에서 암흑과 절망의 어둠 속으로 빠져 영원히 사라져 버릴 것을 알면서, 고통도 아픔도 느끼지 않고 눈물도 흘리지 않으며 마음이 싸늘하게 식어 버린 현실을 보라. 분명 하나님께서는 그런 연민의 마음을 우리에게 주시지만, 간직하고 있지 못한 것은 우리들의 잘못이다"(오스왈드 스미스).

"말씀"을 향한 사랑

『오, 내가 얼마나 주의 법을 사랑하는지요! 그것이 종일 나의 묵상이 되나이다』(시 119:97).

"앤드류 머레이"는 "성령 하나님께서는 우리를 가르치시어 하나님의 말씀인 성경을 사랑하고 묵상하며 지키게 하신다."라고 말했다. "묵상"이란, "성경에서 읽은 말씀들"에 대해 하나님께서 내게 무엇이라고 말씀하고 계신지 "생각"해 보고, 그 말씀들을 믿음의 생활에 어떻게 적절하게 적용할 수 있는지 "숙고"하는 것을 의미한다. "음식"을 먹지 않고도, 하늘을 나는 "새"는 9일 동안 살 수 있고, "개"는 20일을 견딜 수 있으며, "거북"은 500일을, "뱀"은 무려 800일을 버틴다고 한다. "인간"은 음식을 먹지 않고, 12일을 살 수 있다고 한다. 하지만 "그리스도인"은 영적 양식인 하나님의 말씀을 단 하루라도 먹지 않으면 견딜 수 없다!

말씀을 사랑하는 열매를 맺으면, 말씀을 암송하게 된다. 성경을 암송하면 "하나님의 말씀"을 마음 안에 "간직할" 수 있고, "하나님의 약속들을 주장할" 수 있으며, 마음속에 간직된 말씀의 능력으로 "하나님께 죄를 짓지 않을" 수 있다. 『주의 말씀을 내 마음에 간직하였으니 이는 내가 주께 범죄치 아니하려 함이니이다』(시 119:11). 『내 아들아, 내 말을 지키고, 내 계명들을 간직하라. 내 계명들을 지키라. 그리하면 살리라. 내 법을 네 눈동자처럼 지키라. 그것들을 네 손가락에 묶으며 네 마음판에 새기라』(잠 7:1-3). 성경을 사랑하라. 성경을 손에서 내려놓지 말라. 날마다 성경을 들으라. 날마다 성경을 읽으라. 매일매일 성경을 묵상하고 암송하라. 기회가 닿는 대로 성경을 전파하라. 성경을 공부하라. 『주의 법을 사랑하는 자들에게는 큰 평안이 있으니 그들에게 거칠 것이 아무것도 없으리이다』(시 119:165).

■ 새롭게 깨달았거나 적용할 내용이 있다면 적어 보세요. ■

"하나님의 사랑"이 그 마음속에 부어져 있는 그리스도인, 곧 "하나님을 첫째로 사랑하는 그리스도인"은 "세상과 세상에 있는 것들"을 사랑하지 않고(요일 2:15), 하나님을 거슬러 "죄"를 짓지 않는다(잠 8:36). 이는 "그리스도의 사랑"이 강권하고 있기 때문이다. "그리스도의 사랑"이 강권하고 있기에 세상을 위해 살지도 않는다. 오직 자기들을 위하여 죽었다가 다시 살아나신 그리스도를 위하여 인생을 계획하며 살 뿐이다. 과연 무엇이 "복된 인생"인가? 시편 1편에서 "복 있는 사람"에 대해 말씀할 때, 그 복은 "bless"와 연관되어 있다. 이 단어는 본래 "bleed"(피를 흘리다)라는 단어에서 나왔다. 즉 "피의 제사"를 통해 하나님과 바른 관계를 맺는 삶이 복된 인생인 것이다. "그리스도의 사랑"은 십자가에서 흘리신 피로부터 나왔다. 바로 거기에서 "복된 인생"이 시작되는 것이다. "그리스도의 사랑"이 강권하는 삶이야말로 "복된 인생"이다. 여러분의 마음을 그리스도의 사랑으로 가득 채우라. 성령으로 충만하여 사랑의 열매를 맺으라. 그리스도의 사랑이 여러분의 마음을 통제하고 강하게 붙들도록 하라. 그것만이 여러분을 바른 인생으로 인도하는 길잡이가 될 것이다.

■ 새롭게 깨달았거나 적용할 내용이 있다면 적어 보세요. ■

NOTES

NOTES

제2과
기쁨과 화평을 전하라

『그의 십자가의 보혈을 통하여 화평을 이루고 땅에 있는 것이나 하늘에 있는 것이나 그에 의하여 모든 것이 자신과 화해하게 하시려는 것이라』(골 1:20).

시련을 통과하는 기쁨

성령의 열매인 기쁨은 세상의 행복이 아니고 세상의 재미도 아니다. 이것은 시련을 통과하고 나오는 깊고 깊은 기쁨이다. 『**우리가 알거니와 하나님을 사랑하는 자들, 곧 그분의 목적에 따라 부르심을 받은 자들에게는 모든 일이 합력하여 선을 이루느니라**』(롬 8:28). 시련을 통과하고 나오는 깊은 기쁨을 누려 본 적 없는 자들은 이 말씀을 변개시켰다. "하나님께서 모든 일들을 합력하도록 하셔서 선을 이루신다." 또는 "모든 일들 가운데서 하나님은 선을 행하신다."라고 말씀을 변개시켰다. 그러나 하나님께서 선을 행하신다는 것을 모르는 그리스도인은 세상에 아무도 없다. 구원받지 못한 사람들이라고 하더라도 하나님께서 선을 행하지 않을 것이라고 의심하는 사람은 많지 않다. 하나님께서 선을 행하신다는 것은 구원받지 못한 마귀의 자식들도 다 알고 있는 사실이다.

욥은 비참한 상황에서도 하나님께서 선을 행하지 않을까봐 걱정하지는 않았다. 욥은 자신의 상황이 너무 비참했기 때문에 그 상황을 걱정했을 망정 하나님께서 선을 행치 않으시고 악을 행할까봐 걱정한 적은 한 번도 없다. 하나님께서 선을 행하신다는 것쯤은 누구나 다 알고 있는 사실이다.

욥의 경우 사람의 관점에서 보면 그에게 일어난 환난을 선이라고 보기 어렵다. 자신이 보기에도 그렇고 다른 사람들이 볼 때 역시 그렇다. 그러나 하나님의 관점에서는 선이었다. 이렇게 하나님의 뜻에 합당한 선이 사람의 생각에 합당한 선과 반드시 일치하는 것은 아니다.

성령의 열매로 얻는 기쁨

1. 일꾼들이 겪는 좌절과 승리

『귀한 씨를 가지고 나가서 우는 자는 정녕 기쁨으로 그의 단들을 가지고 돌아오리로다』(시 126:6).

그리스도의 일꾼은 씨를 가지고 나가는 일꾼에 비유할 수 있다. 복음을 들고 나가서 전해야 하는 것이다. 구원받지 못한 사람들이 듣든지 그만두든지 간에 그리스도의 일꾼들은 하나님의 말씀을 가지고 나가서 죄인들에게 복음을 전파해야 한다. 복음을 전파하는 그리스도인들은 환영받지 못한다. 무시받고 거부당하며 멸시받기도 하고 방해를 받기도 한다. 복음 전파자들은 자신들이 얼마나 나약하고 부족한지를 경험하면서 낙심하기도 한다.

복음 전파자가 경험하는 장애와 시련은 그들을 가리켜 우는 자들이라고 말씀하는 성경을 보고도 알 수 있다. 복음 전파를 위해 일한 일꾼들의 슬픔은 영원하지 않다. 곧 승리의 기쁨을 얻게 될 것이다. 승리는 확실한 것이고 보장된 것이다.

2. 믿음 안의 기쁨

기쁨은 소망에서 비롯된다. 소망의 하나님께서는 하나님의 평강과 주님이 주시는 기쁨으로 소망을 나눠 주시는 분이시다. 기쁨이란 바다의 밀려오는 파도와 같아서 위엄과 힘이 있으나, 평강이란 강물처럼 조용하고 평온한 것이다. 기쁨을 사랑이 활발하게 운동하는 것이라고 한다면, 평강은 사랑이 평온하게 있는 것이라고 할 수 있다.

『이제 소망의 하나님께서 너희를 모든 기쁨과 평강으로 믿음 안에서 충만케 하시어 성령의 능력으로 소망이 넘치게 하시기를 원하노라』(롬 15:13).

어느 날 광활한 바다가 하늘 한복판에 순백의 솜털처럼 둥실 떠 있는 구름을 올려다보고 탄식하기를, "나는 안 되겠지, 나는 저렇게 될 수가 없을 거야. 하지만 어디 한번 애는 써 봐야지."라고 했다. 그래서 바다는 바위에 자기 몸을 세차게 부딪쳐서 높이 물방울을 솟구쳐 보았지만 이내 다시 떨어져 물거품으로 스러져 버리고 말았다. 마침내 바다는 거친 숨을 몰아쉬고 잠잠해졌다. 그리고는 태양에게 울먹이며, "저를 좀 안 도와주실래요?"라고 애원하였다. 그러자 태양은 "나한테 맡기면야 문제없지."라고 응답하고는, 조용히 바다에 햇빛을 내리쬐었다. 그랬더니, 이게 웬일인가! 바닷물이 점점 더워지더니 스멀스멀 수증기가 되어 올라가는 것이 아닌가? 바다는 영문을 몰랐지만 감격해서 외쳤다. "내가 하늘로 떠올랐어요."

3. 기쁨의 의무

감옥에 갇혀 있는 바울은 기뻐하라고 말한 후에 다시 한 번 반복해서 기뻐하라고 명령한다(빌 4:4). 기뻐하라는 명령은 자신이 처한 환경을 감안해서 지켜야 하는 명령이 아니다.

기쁨은 그 기쁨을 소유한 사람을 자극하여, 어떤 과감한 행동도 하게 한다. 또한 기쁨은 사람들에게 선한 영향력을 행사한다. 죄인도 성도들의 기쁨을 보고 예수님께 이끌리게 된다. 한 통의 식초보다 한 숟가락의 꿀이 더 많은 꿀벌들을 모이게 하는 것과 같은 이치이다. 기쁨은 전달되는 것으로 자신뿐만 아니라 다른 사람에게도 유익이 된다.

『주 안에서 항상 기뻐하라. 내가 다시 말하노니 기뻐하라』(빌 4:4).

기뻐해야 할 영역은 오직 "주 안에서"이다. 기뻐해야 할 대상도 "주 안에서" 찾아야 한다. 육신적이거나 세상적이거나 마귀적인 것을 기뻐해서는 안 된다. 다른 무엇에서도 기쁨을 찾을 수 없을 때 하나님 안에서 기뻐해야 하고, 다른 곳에서 기쁨을 찾았을 때에도 하나님 안에서의 기쁨으로 승화해야 한다. 아직까지 기쁨을 누려본 적이 없다면, 지금 즉시 기쁨의 생활을 시작해 보라. 기쁨의 생활을 누리고 있다면 잠시도 쉬지 말고 계속 이어 나가라. 다른 이웃과 함께 있을 때에는 그들도 기쁨의 길로 인도하라. 외롭게 홀로 있을 때에도, 주님 안에서의 기쁨으로 즐거움을 만끽하라.

4. 깊고 깊은 기쁨

그리스도인은 세상에서 성공하고 있을 때보다 역경 속에서 하나님의 자녀로서 기쁨을 더 맛볼 수 있다. 이는 왜 그토록 많은 영화 스타들이 권총으로 자살을 하고 마약으로 죽어 가는지 설명해 준다. 왜 그토록 많은 백만장자들이 자살하는지 보여 준다. 이들에게는 "재미"는 있었더라도 "기쁨"은 없었던 것이다. 기쁨은 성령의 열매의 한 부분이다.

왜 그리스도인들이 기쁨이 없는가? 왜 그리스도인들이 자유함이 없는가? 왜 눈치를 보는 것인가? 왜 사람을 두려워하는가? 왜 자신을 포장하는가? 왜 하나님 한 분 외에 다른 두려운 것들이 더 존재하는 것인가? 하나님을 사랑하지 않기 때문이다. 십자가에 자신의 육신을 못박지 않았기 때문이다. 쓴 뿌리, 원망, 불평, 용서하지 못하는 마음을 방치하기 때문이다.

바울의 기쁨

바울은 기도할 때 기쁨으로 구했다(빌 1:4). 그리스도가 전파됨을 기뻐했다(빌 1:18). 그가 살아 있음도 교회에 기쁨을 주기 위함이었다(빌 1:25). 같은 마음을 가진 성도들이 그의 기쁨이 되기를 바랐다(빌 2:2). 그가 헛되이 달리지 않았다는 것으로 기뻐하였다(빌 2:16). 지체들에게 한 작별의 말도 "주 안에서 기뻐하라."이다(빌 3:1). 지체들의 배려에 대해 기쁨을 나타냈다(빌 4:1,10,18).

> 일하는 동안에도 주 안에서 기뻐하라. 그리하면 주님께서는 여러분들에게 일할 힘도 주시고 육신의 노동으로 먹여 주실 것이다. 휴일에도 주 안에서 기뻐하라. 그리하면 주님께서는 천상의 집에 있는 풍성함으로 여러분들을 먹이실 것이다. 풍요롭게 되었을 때에 기뻐하고 또 기뻐하라. 이 풍요로움은 주님께서 주신 것이기 때문이다. 부족할 때에도 기뻐하라. 이는 주님께서 거두어 가셨음이며, 부족하게 됨으로써 오히려 주님을 기쁘시게 할 수 있기 때문이다. 여러분들에게 온 모든 것들은 다만 지나가는 것들일 뿐이다. - 마버리(Edward Marbury)

항상 기뻐할 수 있는 그리스도인

1. 죄사함으로 기뻐하라

죄사함이란 빚진 것을 사해 주거나 없애 주는 것 또는 탕감해 주는 것이다.

인간의 타락으로 모두가 죄인이 되었고 죄는 사람으로 하여금 하늘나라에 가지 못하게 한다. 거룩하신 하나님께서 계신 하늘은 거룩한 곳이기 때문에 죄 있고 더러운 것은 하늘나라에 들어갈 수 없다.

죄인이 하늘나라에 가기 위해 필요한 것은 용서이다. 하나님께서 그 죄인의 죄들을 용서하시고 그것들을 우리에게 돌리지 아니하실 때 그 누구도 용서받은 죄인이 하늘에 가는 것을 막을 수 없다. 죄인이 죄를 용서받는 것보다 그의 삶에서 더 중요한 문제는 없다.

용서하시는 분은 하나님 한 분이시다. 죄인은 하나님의 법을 어겼으므로 오직 하나님만이 범죄한 죄인을 용서하실 수 있다. 하나님께서는 그리스도의 피를 근거로 죄들을 용서하신다. 십자가 위에서 예수님은 죄인들의 몸값으로 그의 피를 흘리셨고 영원한 구속을 위해 값을 완전히 지불하셨다. 예수님께서 죄를 용서하실 때, 그분은 모든 죄를 용서하신다. 그 어떤 죄라도 조금도 남겨 두지 않으시고 모든 죄를 용서하시는 것이다. 하나님의 의를 소유함으로 하늘로 올라가는 죄인이라면 그 사실로 인하여 항상 기뻐할 수 있어야 한다.

2. 의롭게 됨으로 기뻐하라

그리스도인은 의롭게 되었다는 사실로 기뻐해야 한다. 어떤 사람도 율법을 완전하게 지킬 수 없다. 왜냐하면 "모든 사람이 죄를 지었으므로 하나님의 영광에 이르지 못하기"때문이다(롬 3:23). 하나님께서는 죄인들을 위해 이 세상에 완전한 사람을 보내어 완전한 삶을 살게 하시고, 완전히 죽게 하신 후 의로움을 얻게 하셨다. 그리고 그의 의를 믿는 죄인들에게 선물로 주셨다.

"의롭게 됨"은 하나님의 법률적 행위이고, 이 법적 행위에 의해 믿음을 그리스도 안에 두는 사람은 하나님 앞에서 의롭다고 선언되며, 죄와 형벌로부터 자유롭게 된다. 하나님으로부터 의롭다고 선언된 사람은 죄들이 사함받았을 뿐 아니라 죄책과 형벌이 영원히 제거된 것이다. 물론 구원받은 후에 육신을 따라 살면 그 대가를 이 세상에서 치르겠지만 영원한 지옥의 형벌은 받지 않게 된다.

그리스도를 닮는 것으로는 하늘로 갈 수 없다. 죄인이 해야 할 일은 하나님의 의를 받아들이는 것이고, 하나님의 의는 예수 그리스도이다. 죄인이 무엇을 해서 하나님께 의로 받아들여지는 것이 아니다. 죄인이 아무런 행위 없이 자기에게 전가된 예수 그리스도의 의를 신뢰할 때 하나님께서 그를 의롭다고 선언하시는 하나님의 법률적 행위이다.

죄인들이 외쳐야 할 것이 바로 이 진리이다. 이 진리는 영원한 반석처럼 확고한 것이다. 감정과는 아무 상관이 없다. 나의 감정, 생각, 말, 행위와는 아무런 관계가 없다. 그동안 살면서 지었던 자신의 죄, 비열함, 사악함이 구주 예수 그리스도께로 전가되었고, 그분께서 그것에 대해 값을 완전히 지불하셨으며, 그분의 영광스럽고 거룩한 의가 자신에게 전가되었다는 사실을 발견한다면 기쁨이 터져 나오지 않을 수 없다.

『사랑하는 자들아, 이제는 우리가 하나님의 아들들이라. 우리가 어떻게 될 것인지는 아직 나타나지 아니하였으나 그가 나타나시면 우리가 그와 같이 되리라는 것을 아노니, 이는 우리가 그분 그대로 그분을 볼 것이기 때문이라』(요일 3:2).

3. 하나님의 양자로 입양됨을 기뻐하라

양자로 입양시킴(Adoption)이란 헬라어 단어는 아들의 지위를 부여함을 뜻한다. 그리스도인은 구원받을 때 하나님의 양자로 입양되어 아들의 지위를 부여받는다. 하나님의 자녀로 입양이 되면 많은 영적 축복들이 뒤따른다. 입양된 사람은 하나님의 특별한 사랑의 대상이 된다. 『**아버지께서 나를 보내신 것과**

나를 사랑하신 것처럼 그들을 사랑하신 것을 세상으로 알게 하려 함이니이다』(요 17:23). 아버지와 아들과의 친밀한 사랑의 관계가 하나님과 믿는 자 사이에도 이루어지는 것이다. 이 관계는 믿지 않는 세상을 사랑하셔서 아들을 주신 것에 비해 훨씬 큰 것이다. 거듭난 하나님의 자녀는 아버지의 자상하신 돌보심의 대상이 된다. 아버지 하나님께서는 그의 자녀가 무엇을 먹고 무엇을 입어야 하며 어떤 직업을 가져야 하는가에 관심이 있으시며 건강까지 돌보아 주신다. 입양된 하나님의 자녀는 가족이 공통으로 사용하는 성(Family Name)을 갖게 된다. 그래서 이들은 하나님의 아들들로 불린다. 이들은 가족으로서 닮은 점이 있는데 그리스도의 형상과 일치하게 되는 것이다.

4. 구원받을 때 일어나는 변화들로 기뻐하라

구원받은 죄인은 하나님의 은혜로 나아간다(엡 2:18). 유업을 받게 된다(행 26:18). 하늘의 시민권을 얻는다(빌 3:20). 하나님의 후계자가 되며 그리스도와 함께 공동 상속자가 된다(갈 3:29). 새로운 피조물이 된다(고후 5:17). 하나님의 종이 된다(롬 6:22). 하나님의 제사장이 된다(벧전 2:5). 하나님과 화해하게 된다(엡 2:12,13, 롬 5:10).

주 예수의 이름으로 거룩하게 된다(고전 6:11). 예수 그리스도 안에서 받아들여지며, 성령님에 의해 그리스도의 몸 안으로 침례받고, 영적 침례로 그리스도와 함께 장사된 바 된다(롬 6:4). 성도는 하나님 아버지가 그 아들에게 주시는 사랑의 선물이 된다(요 17:9). 구원받은 죄인은 모두 하나님 아버지로부터 그의 아들 예수 그리스도에게 주어지는 특별한 사랑의 선물이다. 그리스도께서 내주하신다(골 1:27). 영원한 생명을 소유하게 된다(요 10:28). 하나님의 친구가 된다(요 15:15).

이름이 하늘에 기록된다(눅 10:20). 생명의 책에 이름이 기록된 사람들의 동료가 된다(빌 4:3). 그리스도와 함께 하늘에 앉게 된다(엡 2:6). 비록 성도의 몸은 여전히 땅에 있으며 주로부터 멀리 떨어져 몸에 있는 집에 거하고 있으나, 그의 영은 거듭났고 그리스도의 영에 연합하였다(고전 6:17). 이렇게 성도는 예수 그리스도와 함께 현재 하늘에 앉아 있는 것이다.

복된 소망을 얻는다(딛 2:13). 삼위일체이신 하나님과 교제를 갖게 된다(요일 1:3). 영광스러운 처소를 받게 된다(요 14:2). 구속의 날까지 성령에 의해 인침을 받았다(엡 1:13). 몸이 성령님의 전이 된다(고전 6:19). 성령님에 의해 영적인 은사를 받았다. 자신을 변호해 주는 변호인을 갖게 된다(요일 2:1). 죄를 극복하고 승리를 얻을 수 있는 가능성을 갖게 되며, 죄를 거절하여 성도 안에 군림하지 못하게 할 수 있다(롬 6:12). 성경 말씀을 붙들고 계속해서 전진한다면 죄를 극복하는 승리를 얻을 수 있다. 그리스도의 대사가 된다(고후 5:20). 천상에 있는 모든 영적인 복을 받는다(엡 1:3).

그리스도인은 기뻐해야 한다

구원받은 그리스도인은 기뻐해야 한다. 자신이 받았다고 생각하는 작은 은사에 대해서만 소리를 높이지 말고 구원받았을 때 변화된 사실에 먼저 주목해야 한다. 하나님께 축복을 받은 모든 그리스도인들은 기뻐하며 소리 높여 하나님을 찬양해야 한다.

■ 새롭게 깨달았거나 적용할 내용이 있다면 적어 보세요. ■

성령의 열매 화평

『아무것도 염려하지 말고 다만 모든 일에 기도와 간구로 너희의 구하는 것들을 감사함으로 하나님께 알려지게 하라. 그리하면 모든 지각을 초월하시는 하나님의 평강이 그리스도 예수 안에서 너희의 마음과 생각을 지키시리라』(빌 4:6,7).

『내가 너희에게 화평을 남겨 두나니 나의 화평을 너희에게 주노라. 내가 너희에게 주는 것은 세상이 주는 것과 같지 아니하니, 너희는 마음에 근심하지 말고, 두려워하지도 말라』(요 14:27).

이 말씀에서 평강은 성령의 열매인 화평을 의미한다. 하나님의 화평은 사람의 혼을 만족시킨다. 혼은 지성과 감정과 의지이다. 예수님께서는 성도들에게 세상에 있는 동안 고난이 있게 될 것이지만, 고난 가운데 화평을 갖게 될 것이라고 말씀하신다.

기도로 얻어내는 화평

1. 염려하는 것은 그리스도인에게 재앙이다.

지금 이 순간에도 고통을 당하는 그리스도인이 있을지 모른다. 하지만 현재 느끼는 고통이란 절대로 당신이 그럴 거라고 지레 걱정하는 것만큼 심한 법은 없다. 실제 일어나는 사건보다 그 사람이 하고 있는 염려가 당사자에게 더 큰 해악을 끼친다. 실제 해야 할 일보다 그 사람이 하고 있는 염려가 당사자에게 더 큰 해악을 끼친다. 누군가 이렇게 말했다. "나도 그간 참으로 많은 걱정거리를 지니고 살았습니다. 하지만 그런 걱정거리의 대부분은 실제로 일어나지도 않았습니다." 설령 염려하는 일들이 실제로 일어난다 하더라도, 예상하는 것만큼 나쁜 결과란 생기지 않는 법이다.

2. 염려를 치유하는 것은 기도이다.

기도라는 단어는 염려라는 단어의 대체어이다. 이렇듯 당신 자신도 근심을 기도로 바꿀 수 있다. 원래 기도란 우리가 하나님을 설득해서 우리가 처한 어떤 일들의 방향을 우리에게 유리한 쪽으로 바꾸려고 시도하는 것이 아니라, 우리 자신이 그 일에 관하여 조용한 확신을 갖는 것이다.

강기슭 이편과 저편을 가로질러 단단하게 밧줄을 매어 놓고 승객들이 배 안에서 이 밧줄을 당기면서 강을 건너다니는 나룻배를 아마 본 적이 있을 것이다. 물로 배 안에서 이 밧줄을 잡아당긴다고 해서 건너편 강기슭이 배 쪽으로 끌려오지는 않는다. 오히려 나룻배가 건너편 기슭으로 끌려갈 것이다. "모든 일에 기도"라는 말은 사실 아무 일도 염려하지 않는다는 말과 거의 같은 말이다.

화평은 하나님의 자녀들의 몫이다

1. 구원의 기도

사도 바울은 성도들이 거룩하게 되기를 기도했다. "깨끗게 함"이나 "거룩함"

이나 "거룩"이라는 말의 본질적인 뜻은 성별되었다는 말이다.

바울은 온전히 거룩해지기를 기도했다. 또한 바울은 성도들이 보존되기를 기도했는데 책망할 것이 없게 보존되기를 구했다. 보존의 대상은 성도들의 온 영과 혼과 몸이다.

『화평의 하나님 바로 그분께서 너희를 온전히 거룩하게 하시고 너희의 온 영과 혼과 몸이 우리 주 예수 그리스도께서 오실 때까지 책망할 것이 없게 보존되기를 하나님께 기도하노라. 너희를 부르시는 분은 신실하시니 그가 또한 이것을 행하시리라』(살전 5:23,24).

2. 선행되어야 할 필수 사항

화평의 하나님 자신만이 직접 하실 수 있다. 사도 바울은 우리를 거룩하게 하시고 보존하시는 분은 하나님 바로 그분이시라는 점을 강조하고 있다. 하나님께서는 화평의 하나님이시다. 화평을 통해서만이 거룩함도 생겨나고, 또 우리가 개인적으로 하나님 곧 화평의 하나님에 대한 복된 경험을 가지고 있어야만 이와 같은 기도가 응답받을 수 있다.

3. 간절한 기다림

사도 바울은 그의 서신서들에서 항상 약속하고 고대하였던 그 영광스러운 날을 다시 한번 특별히 언급하면서 기도한다. 바울의 마음에는 주님께서 다시 오신다는 사실에 대해 일점의 의구심도 없었다. 우리도 주님께서 다시 오신다는 사실을 확신하며 살아야 한다.

세상이 외치는 화평

『주가 말하노니 악인에게는 화평이 없느니라』(사 48:22).

세상은 새벽부터 밤늦게까지 화평을 외쳐 보지만 화평은 없을 것이다. 이는 화평의 왕이신 예수 그리스도께서 화평이 아니라 칼을 가져오셨기 때문이며(마 10:34), 그가 보좌에 오르시기까지는(눅 1:32) 어떤 칼도 보습으로 바뀌지 않을 것이기 때문이다(사 2:4). 그러므로 UN 빌딩의 벽에 이사야 2:4을 새긴 것은 호치민의 관에 "주 안에서 죽는 자들은 복이 있도다."(계 14:13)라고 새긴 것과 같다.

화평은 모든 부정직한 정치가와 거듭나지 못한 종교적 지도자들이 자신의 인기를 잃지 않기 위해 끊임없이 이야기하는 유일한 것이다. 화평은 날씨와 같아서 모든 사람이 그것에 관해 이야기하지만, 아무도 그것에 대해 어떤 일도 하지 않는다. 정치인들이 실행하는 것은 고작 화평을 이야기하는 것이 전부이기 때문에, 그들 국가는 군대를 육성할 수 있다.

이 세상은 하나님의 화평을 거부했기 때문에 요한계시록 20:9까지 "전쟁과 전쟁의 소문"이 끊이지 않게 되었다. 세상은 인종 차별을 폐지하고, 대화하고, 평화 협정을 맺고, 힘의 균형을 유지하는 등 어떤 일을 도모하더라도 성경 예언에는 조금도 영향을 미칠 수 없다.

『그의 십자가의 보혈을 통하여 화평을 이루고 땅에 있는 것이나 하늘에 있는 것이나 그에 의하여 모든 것이 자신과 화해하게 하시려는 것이라』(골 1:20).

하나님께서는 화평을 만드시고 성령의 열매는 화평이고 그리스도인은 화평을 갖게 된다. 하나님의 화평은 성경대로 믿는 그리스도인이 갖고 있는 것으로, 지난 6천년 동안 세상은 성도에게서 이 화평을 빼앗으려 했다. 구속이 주님의 보혈을 통하여 오는 것같이 화평도 주님의 보혈을 통하여 오고, 화해도 주님의 보혈을 통하여 온다.

전파하라

기쁨과 화평을 전파하라. 기쁨과 화평을 전하는 가장 좋은 방법은 본이 되어 다른 사람들에게 자신의 기쁨과 화평을 보여 주는 것이다. 인간의 지혜로 설명하는 것이 아니라 자신이 기쁨으로 충만하여 항상 열정적으로 하나님을 높여 드리며, 하나님을 찬양한다면 그 기쁨은 전파된다. 화평 역시 마찬가지이다. 환경이나 여건 또는 기도 응답에 관계없이 하나님의 평강이 내 마음을 다스리게 할 수 있는 그런 믿음으로 자신의 마음을 다스리고 있다면 그 모습을 보는 여러 사람에게 그리스도인으로서 본이 될 수 있다. 기쁨과 화평을 본으로 보이는 그리스도인이 그리스도의 향기를 발하는 아름다운 그리스도인이다.

■ 새롭게 깨달았거나 적용할 내용이 있다면 적어 보세요. ■

제2과
복습문제

1. 복음 전파를 위해 일한 일꾼들의 슬픔은 영원한 슬픔이다. (O , X)

2. 바울이 빌립보 성도들에게 한 기뻐하라는 명령은 자신이 처한 환경이나 여건 등을 고려해서 지켜야 하는 명령이다. (O , X)

3. 그리스도인은 구원받았을 때 변화된 많은 사실들에 먼저 주목하여 기뻐하며 소리 높여 하나님을 찬양해야 한다. (O , X)

4. 『아무것도 ( )하지 말고 다만 모든 일에 기도와 간구로 너희의 구하는 것들을 감사함으로 하나님께 알려지게 하라. 그리하면 모든 지각을 초월하시는 하나님의 ( )이 그리스도 예수 안에서 너희의 마음과 생각을 지키시리라』(빌 4:6,7).

5. 염려를 치유하는 것은 ( )이다.

■ 새롭게 깨달았거나 적용할 내용이 있다면 적어 보세요. ■

NOTES

NOTES

제3과
오래 참음, 친절, 선함으로 함께하라

『내가 골짜기의 열매들을 보려고, 또 포도 넝쿨이 무성한지 석류나무가 싹이 났는지 보려고 호도나무 동산으로 내려갔도다』 (솔 6:11).

오래 참음, 친절, 선함은 모방할 수 있다

성령의 아홉 가지 열매 중 이번 과에서 다룰 오래 참음, 친절, 선함 이 세 가지 열매는 다른 열매와는 다르게 외적인 것이다. 물론 열매 맺는 것 자체가 외적인 것이기에 겉에서 보고 알 수 있지만, 이 세 가지 열매는 특히 더 겉으로 확연히 드러난다. 그렇기 때문에 비정상적으로 비대해진 기독교계(Christendom)는 이를 모방하되 세상의 기준을 따라 모방한다. 이를테면, 극기나 금욕이나 고행을 참는 것으로 오래 참음의 열매를 모방한다. 그리고 어떤 경우라도 입가에서 떠나지 않는 미소로 자신이 친절하다는 것을 내비치는 사람들도 있다. 이뿐만이 아니라 사회 복지 단체 못지않은 봉사 활동으로 자신의 선함을 위장하는 사람들도 있다. 하지만 교인들이 내고 있는 이와 같은 것들은 열매는 없고 나뭇잎만 무성한 모습이며, 성령의 열매와는 무관한 자의적(恣意的)이고 육신적인 것일 뿐이다.

이처럼 구원받지 못해 성령이 내주하시지도 않은 자들이 무엇인가를 해 보려고 나서서는 열매 없는 어두움에 관한 일들로 교계를 무질서하고 혼란스럽게 만들고 있다. 성령의 열매를 맺기 위해서는 먼저 성령을 소유해야만 한다. 그래야 내주하시는 성령을 통해 그 성령의 열매를 맺을 수 있게 되는 것이다. 이번 과에서 오래 참음, 친절, 선함에 대해 알아보고, 또 성경적 기준대로 성령의 열매를 맺는 삶이 어떤 것인지를 살펴보도록 하자.

성령의 열매 오래 참음

오래 참음은 하나님께서 모세에게 자기 자신에 관해 선포하고 말씀하시는 가운데 나왔던 하나님의 위대한 성품 중 하나다.

> 『주께서 그의 앞을 지나시며 선포하시기를 "주로다. 자비롭고, 은혜로우며, 오래 참고, 선함과 진리가 풍성한 주 하나님이로다』(출 34:6).

출애굽기 34장은 모세가 우상 숭배 가운데 벌거벗고 뛰며 춤추는 이스라엘을 보고 격노하여 그 화를 참지 못하고 십계명 돌판을 깨뜨린 뒤의 상황이다. 모세가 주님께로부터 자신은 오래 참으시는 주 하나님이라는 말씀을 들었을 때, 그 말씀은 그렇지 못했던 모세의 마음을 강하게 찔렀을 것이다. 여기서 오래 참으시는 주님의 성품을 깨달은 모세는 이후에 2백만 명이나 되는 이스라엘 무리가 광야에서 그 어떤 불평이나 불만을 어떻게 내보이던지 간에 격노치 않고 오래 참음 가운데 기도로 하나님께 그 문제들을 아룀으로써 하나씩 해결해 나갔던 것을 볼 수 있다.

하나님께서는 이처럼 오래 참으시되 특히 죄인들이 돌이키기까지 오래 참으신다. 이를 사도 바울은 다음과 같이 말했다. **『그러나 내가 자비를 입은 것은 이 때문이니, 곧 먼저 내 안에서 예수 그리스도께서 온전한 오래 참으심을 보여 주셔서 후에 그를 믿고 영생을 얻는 자들에게 본이 되게 하려 하심이니라』**(딤전 1:16). 사도 바울은 스테판 집사를 죽이는 것에 찬동하였으며, 교회를 파괴하고 집집마다 들어가서 남자들과 여자들을 끌어내어 감옥에 넘겼었다. 그런 극악한 죄인이었던 사울이 회개하기까지 하나님께서는 온전한 오래 참으심 가운데 기다리셨던 것이다.

그런데 이와 같이 오래 참으시는 하나님의 성품은 비단 바울 한 사람에게만 보이셨던 것이 아니다. 하나님께서는 우리 모두에 대해여 오래 참으시는 분이시다. 이는 주의 오래 참으심이 구원이기 때문이다.

『주의 약속은 어떤 사람들이 더디다고 생각하는 것같이 더딘 것이 아니라 오직 우리에 대하여 오래 참으시어 아무도 멸망하지 않고 다 회개에 이르게 하려 하심이라... 또 우리 주의 오래 참으심이 구원인 줄로 생각하라. 우리의 사랑하는 형제 바울도 그가 받은 지혜대로 너희에게 그렇게 썼고』(벧후 3:9,15).

주님께서 속히 오시겠다고, 속히 오시겠다고, 속히 오시겠다고 세 번이나 강조하시면서 말씀하셨지만(계 22:7,12,20) 지난 2천 년 기간 동안 오시지 않으셨던 것은 아무도 멸망하지 않고 다 회개에 이르게 하려는 주님의 사랑과 오래 참으시는 주님의 성품 때문이다. 하지만 이를 알지 못하는 죄인들은 『**악한 일에 대한 징벌이 속히 집행되지 않으므로 사람들의 아들들의 마음이 그들 안에서 악을 행하기로 완전히 정해졌도다.**』(전 8:11)는 말씀대로 돌이켜 회개하지 않고 악을 행하며 멸망하는 짐승들과 같이 살고 있다.

따라서 그리스도인들은 주의 오래 참으심을 기억하며, 멸망 가운데로 빠르게 달려 나가고 있는 세상에 나가 복음을 전하며 진리를 증거하는 일을 해야 한다. 그리고 이 일을 하는 중에 겪게 될 갖가지 고난과 고통과 박해를 오래 참음으로써 인내로 견뎌 나가야 한다. 이것은 사도 바울이 보였던 본이고(고후 11:23-27), 교회사를 통해 보듯, 사도 바울의 발자취를 뒤따랐던 수많은 믿음의 선배들이 남긴 믿음의 발자취인 것이다(히 11:36,37).

성령의 열매로서 그리스도인이 내는 오래 참음은 세상 사람들이 외식적으로 하는 오래 참음과는 비교할 수 없다. 왜냐하면 세상 사람들의 오래 참음은 단순한 극기에 지나지 않기 때문이다. 그 목적 또한 복음의 진리와는 아무런 상관이 없다. 사도 바울은 골로새 성도들 중 새로운 회심자들을 위해 일곱 가지 기도 제목을 내놓고 있는데 그 중 하나가 기쁨으로 모든 인내와 오래 참음에 이르는 것이었다(골 1:11). 아울러 에베소 교회의 성도들에게는 너희가 부르심을 받은 그 부르심에 합당하게 행하라고 권고하면서 겸손과 온유와 오래 참음과 사랑 가운데서 서로 용납하라고 명령하는 것을 볼 수 있다(엡 4:1,2). 그뿐만이 아니다. 데살로니가 교회 성도들에게는 무질서한 자들은 훈계하고 낙담한 자들은 위로하고 약한 자들은 붙들어 주라고 권고한다. 또한 이에 더하여 모든 사람들에게 오래 참으라는 권면한다(살전 5:14). 주 안에서 성도들에 대해 오래 참으라는 권면은 온전함(골 3:14)과 화평의 띠 안에서 성령의 하나 됨을 지키도록 하기 위함이다(엡 4:2). 세상 사람들이나 교회 내 성도들을 향해 오래 참는 것, 이것이야 말로 그리스도인이 성령 하나님을 통해 온전히 낼 수 있는 성령의 열매인 것이다.

성령의 열매 친절

세상적인 기준에서 친절은 남을 대하는 태도가 정답고 상냥한 것을 말한다. 혹자는 마태복음 5:39에서 예수 그리스도께서 직접 **『나는 너희에게 말하노니, 악에 저항하지 말라. 누구든지 네 오른빰을 때리거든 다른 쪽도 돌려 대라.』**라는 말씀이 바로 친절의 본이라고 말하면서 원수에게 다른 빰도 돌려 대야 한다고 말한다. 하지만 자신에게 해를 가하는 자들에게 무장해제 한 채 마음대로 하라고 내버려두는 것은 친절이 아니다. 더욱이 수동적이거나 일방적으로 양보

하거나 굽신거리며 자기비하하는 것은 성경적 의미에서의 친절이 아니다.

성경에서 말하는 친절은 강요하지 않는 것을 말한다. 일례로 엘리야는 갈멜 산에서 아합의 바알 선지자들과 아세라들의 선지자들과 모든 백성을 불러 놓고 과연 자신이 섬기는 주 하나님과 그들이 섬기는 바알 사이에 누가 참 하나님이신가를 확인해 보자며 대결을 펼쳤다. 이때 이스라엘 백성에게 선택을 강요하지 않는 친절함을 보였다(왕상 18:21). 그보다 더 거슬러 올라가면 죽음을 앞둔 여호수아가 이스라엘 백성에게 마지막 충고를 하면서도 주님과 바알 사이에서 선택을 요구했지만 주님을 선택하라고 강요하지 않는 친절을 베풀었다(수 24:14,15).

하지만 단순히 유순히 보이고 나긋나긋해 보이며 갈등을 조장하지 않는 것을 친절이라고 착각하고 있는 위선자들은 나긋나긋한 말투에 부드럽고 선한 이미지로 사람들을 지옥으로 보내고 있다. 외적인 모습에만 신경 쓰는 것은 위선자의 가식적인 모습일 뿐 성경이 말하는 진정한 친절이 아니다. **비진리를 지적하고 복음과 진리를 증거하는 데 있어서 친절한 주님께서 보이셨던 모습은 친절이라는 것이 늘 대상과 상관 없이 똑같은 말과 표현으로 대하는 것이 아님을 알 수 있다. 때로는 직설적으로 말해야 할 때가 있는 것이다.**

그래서 그 친절한 예수 그리스도께서는 복음의 진리를 가리는 바리새인들과 서기관들에게 뱀들과 독사들의 세대라고 말씀하셨다. 그들이 겉으로는 의롭게 보이지만 회칠한 무덤으로 위선과 불법으로 차 있어 그들 자신이 천국으로 들어가지 못할뿐더러 천국으로 들어가려고 하려는 자들까지도 들어가지 못하도록 한다고 날카롭고 신랄하게 비판하셨다. 이처럼 친절하게 대할 때, 우리의 말과 표현, 겉으로 드러나는 형식도 중요하지만 그 안의 내적인 것들이 더 중요하다. 그리고 무엇보다도 경우에 따라서는 보다 격하고 큰소리를 내야 할 때도 있는 것이다. 사랑은 그냥 부드럽게 감싸 주는 것만이 아니다. 때론 아이를 향해서 매를 들어야 되는 때가 있는 것처럼 친절 또한 마찬가지인 것이다.

성령의 열매 선함

성령의 열매로 나타나는 선함 또한 외적으로 확연히 드러나는 것이기 때문에 세상 사람들, 특히 구원 받지 않은 종교인들이 종교적인 열심으로 자신의 선한 행위들을 드러내 보인다. 이런 모습은 대게 사회봉사라는 것을 통해 드러난다. 이러한 것들이 선해 보일지 모르지만, 자의적이고 육신적인 열성에서 나오는 것일 뿐이다. 성령의 열매로 맺혀지는 선함과는 거리가 멀다.

선함이 성령의 열매인 이유는 무엇보다도 하나님께서는 선하시기 때문이다. 누가복음 18장에서 어떤 관원이 와서 주께 "선한 선생님, 내가 영생을 상속받으려면 어떻게 하여야 합니까?"라고 물었던 적이 있었다. 이때 예수님께서는 "어찌하여 네가 나를 선하다고 하느냐?" 하시면서 하나님 한 분 이외는 선한 이가 없으시다고 말씀하셨다. 오직 하나님 한 분만 선하신 분이시다. 그런데 사도행전에서는 바나바를 선하다고 말씀하시는 말씀이 나온다.

『그때 예루살렘에 있는 교회가 이런 일에 관한 소식을 듣고 바나바를 멀리 안티옥까지 가도록 보내니라. 그가 와서 하나님의 은혜를 보고 기뻐하며 또 그들 모두에게 권하기를, 굳센 마음으로 주께 붙어 있으라고 하더라. 이는 그가 선한 사람이요, 또 성령과 믿음으로 충만한 사람임이라. 그러므로 많은 무리가 주께 더해지더라』(행 11:22-24).

예수님께서 어떤 관원에게 하나님께서만 선하시다고 하신 말씀과 바나바가 선하다는 말씀은 모순처럼 보인다. 하지만 바나바는 구원받은 성도로 성령으로 충만했기 때문에 선함이라는 그 열매가 맺혔던 것뿐이다. 바나바의 선함은 그 자신에게서 나온 것이 아니라 내주하시는 성령께로부터 나온 것이다.

이처럼 그리스도인은 선한 열매를 맺어야 한다. 우리가 독특한 백성이 되었기 때문이다. 『**그가 우리를 위하여 자신을 주신 것은 우리를 모든 죄악에서 구속하시고 자신을 위해 정결케 하사 선한 일에 열심을 내는 독특한 백성이 되게 하려 하심이라**』(딛 2:14). 이 선한 일에 열심을 내라는 말은 종교적인 열성을 내라는 말이 아니다. 사회봉사에 열성을 내라는 말도 아니다. 복음과 진리를 전하라는 말이다. 『**네가 이런 것들을 형제들에게 기억하게 한다면 너는 네가 따르던 믿음의 말씀들과 선한 교리의 말씀들로 양육을 받아 예수 그리스도의 선한 일꾼이 되리라**』(딤전 4:6). 이 일에 양육되고 준비되고 구비되기 위해 그리스도인은 성경 말씀을 열심히 공부하여 깨달아 알아야만 한다. 『**모든 성경은 하나님의 영감으로 주어진 것으로 교리와 책망과 바로잡음과 의로 훈육하기에 유익하니 이는 하나님의 사람이 온전하게 되며, 모든 선한 일에 철저히 구비되게 하려 함이니라**』(딤후 3:16,17). 이것이 그리스도인이 맺어야 할 선한 열매인 것이다.

그리스도인으로서, 열매 맺는 삶을 살라

『내가 골짜기의 열매들을 보려고, 또 포도 넝쿨이 무성한지 석류나무가 싹이 났는지 보려고 호도나무 동산으로 내려갔도다』(솔 6:11). 신랑으로 예표되는 예수 그리스도께서 포도와 석류가 열렸는지 보려고 동산으로 내려갔다고 말씀하신다. 이 말씀은 주님께서 신부인 교회가 맺는 열매를 찾고 계신다는 말씀이다. 포도와 석류는 "복합과"로, 여러 개의 열매들이 하나로 맺히는 열매다. 아홉 개의 열매가 나오지만 "성령의 열매들"이 아닌 "성령의 열매"를 맺는 그리스도인에 대한 예표다.

예수님께서는 다음과 같이 말씀하셨다. 『**나는 포도나무요, 너희는 그 가지들이라. 그가 내 안에 내가 그 안에 거하면 그 사람은 많은 열매를 맺느니라**』(요 15:5). 모든 그리스도인에게 성령 하나님께서 내주해 계신다면, 성령의 열매를 맺어야 한다. 그리스도인의 성품을 함양해 나가야 한다. 그렇게 하지 않을 때 가시(고후 12:7)나, 칼(요 15:2)이나, 채찍(히 12장)과 같은 하나님의 징계가 성도에게 닥칠 수 있음에 유의해야 할 것이다. 무엇보다도 이 모든 징계가 나무에게서 열매를 바라시는 농부와도 같은 하나님 아버지의 마음에서 오는 것들이라는 사실에 유념하여 온전히 열매 맺는 삶으로 하나님 아버지께 기쁨 가운데 발견되어야 할 것이다.

▪ 새롭게 깨달았거나 적용할 내용이 있다면 적어 보세요. ▪

제3과
복습문제

1. 오래 참음, 친절, 선함 이 세 가지 성령의 열매는 내적인 것으로 분류할 수 있다. (O , X)

2. 오래 참음, 친절, 선함 이 세 가지 성령의 열매는 세상 사람들이 모방할 수 없다. (O , X)

3. 『주께서 그의 앞을 지나시며 선포하시기를 "주로다. 자비롭고, 은혜로우며, (　　　　　　　), 선함과 진리가 풍성한 주 하나님이로다』(출 34:6).

4. 성경에서 말하는 친절은 (　　　　　　)하지 않는 것을 말한다.

5. 성도가 선함 가운데 나오는 선한 행위는 복음을 전하고 진리를 증거하는 일이다. (O , X)

■ 새롭게 깨달았거나 적용할 내용이 있다면 적어 보세요. ■

NOTES

NOTES

제4과
성도를 살게 하는 믿음

『이 복음 안에는 믿음에서 믿음에 이르게 하는 하나님의 의가 계시되었으니 기록된 바 "의인은 믿음으로 말미암아 살리라." 함과 같으니라』(롬 1:17).

믿음과 영적 생명

신약 성경은 의인은 믿음으로 산다고 세 번이나 말씀하셨다(롬 1:17, 갈 3:11, 히 10:38). 이 진리는 일차적으로 예수 그리스도께로부터 전가받은 의를 통해 값없이 "의인"이 된 우리가(롬 4:5-8) 죽음의 권세로부터 벗어나 영생을 얻었다는 뜻이다(요 3:16). 그러나 거기에서 끝나는 것이 아니다. 믿음은 그렇게 의인이 된 우리들이 실제적으로 이 땅에서 영적인 삶을 살게끔 하는 원동력이 된다. 믿음 안에는 그리스도인이 "죽어 있지"(딤전 5:6, 계 3:1) 않게 하는 생명력이 있다. 비록 매일 죽음에 한 걸음씩 가까워지는 육신을 입고 산다고 해도, 믿음을 가진 성도는 결코 낙심하지 않고 매일 어제보다 힘찬 발걸음을 내디딜 수 있다(고후 4:13-18). "이신칭의"(以信稱義)를 외치며 죽어 버린 로마카톨릭으로부터(마 23:27,28에 따르면 "무덤"으로부터) 뛰쳐나왔던 마틴 루터는 이렇게 말했다. "믿음이란 하나님의 은혜 안에서의 살아 있고 담대한 배짱으로, 너무나도 틀림없고 확실한 것이어서 사람이 천 번이라도 목숨을 걸 수 있게 한다."

■ 새롭게 깨달았거나 적용할 내용이 있다면 적어 보세요. ■

믿음의 정의

『이제 믿음은 바라는 것들에 대한 실상이요, 보이지 않는 것들에 대한 증거니, 원로들이 그것으로써 좋은 평판을 얻었느니라』(히 11:1,2).

성경이 정의하는 믿음이란 그 실체를 감지할 수 없는 하나님의 약속을 의지적으로 붙드는 것이라고 할 수 있다. 즉 보이지 않는 약속을 보는 것처럼 받아들이는 것이다(고후 5:7, 히 11:27, 벧전 1:8,9). 따라서 믿음이 성립하려면 반드시 먼저 하나님의 말씀을 통한 약속이 있어야 한다. 성경이 믿음의 "출처"에 대해 이렇게 말씀하시기 때문이다. **『그러므로 믿음은 들음에서 나오며 들음은 하나님의 말씀에 의해서니라』**(롬 10:17). 하나님의 말씀이 주어지지 않았는데도 무엇인가를 믿으려고 드는 것은 "광신"에 불과하다. 무언가를 믿기에 앞서 자신이 받은 약속이 무엇인지를 먼저 따져 봐야 하는 것이다.

〈그날의 양식(통권 제38호)〉에는 히 11:29를 본문으로 "이집트인들의 믿음"이라는 제하에 다음과 같은 내용이 실렸다.
"이집트인들도 홍해 통과를 시도할 때만큼은 이스라엘과 똑같은 환경이었다. 그들 앞에도 양쪽에 물벽이 서 있었고 땅은 말라서 내달리기에 적격이었다. 심지어 앞서 찍힌 무수한 발자국들을 보며, 말하자면 "임상 실험"에 성공한 제약 회사처럼 확신 속에 진격을 감행할 수 있었을 것이다. 그러나 우리가 아는 대로 그들 모두는 "믿음을 흉내 내다가" 수장되었다."

하나님의 약속이 확실하다면, 이제 사람의 의지가 필요하다. 스스로 그 약속이 참인 것으로 받아들이겠노라고 선택해야 하는 것이다. 극단적 칼빈주의자들은 인간이란 전적으로 타락해서 의지마저도 무능력해졌기 때문에, 스스로의 힘으로는 믿음을 행사할 수 없다고 가르친다. 이런 누룩이 도처에 퍼져 있는 까닭에 때로 어떤 사람들에게 복음을 전하면 "믿어지지가 않아요."와 같은 해괴한 대답이 돌아오는 것이다. 그러나 믿어지지가 않는다는 말은 어불성설이다. 믿기가 싫다면 싫은 것이로되, 혹자가 믿기를 "원한다면" 얼마든지 믿을 수 있는 은혜를 우리 믿음의 창시자요 완성자이신(히 12:2) 분께로부터 받을 수 있기 때문이다(요 9:36-38).

피터 럭크만 목사는 에베소서 2:8의 말씀을 주석하면서 다음과 같이 썼다. "심지어 죄인이 그리스도를 영접하는 믿음도 은혜로 주시는 값없는 선물이며, 하나님의 말씀에 의해 온다(롬 10:4-8,17). 구원받은 죄인과 구원받지 못한 죄인의 유일한 차이점은 그 의지에 달려 있다." 믿음이란 피동적인 감정의 영역에 있는 것이 아니라, 의지적인 선택의 영역에 있는 것이다.

성령의 열매로서의 믿음

『이는 하나님께로부터 태어난 자는 누구든지 세상을 이기기 때문이라. 세상을 이기는 승리는 이것이니, 곧 우리의 믿음이라』(요일 5:4).

하나님께서 주신 말씀에 성도가 믿음을 결합시키면 여러 가지 유익이 나타나며(히 4:2), 그 가운데에는 가시적인 것도 있을 수 있다(히 11:33-35). 믿음 자체는 보이지 않는 것에 대한 것이라고 해도, 그 결과까지 그렇다는 법은 없기 때문이다. 그러나 성령의 열매, 즉 성령님을 통해 발현되는 성품으로서의 믿음을 다룰 때에는 비가시적인 것에 초점을 맞춰야 옳다. 하늘에서 불이 내려오고, 죽은 사람이 살아나는 등의 "짜릿한 일"에 대해 논하기를 바랐다면 유감이지만, 어쩔 수 없다. "가시적인 것"을 가지고 논한다면 코리 텐 붐, 리처드 웜브란트, 하랄란 포포프와 같은 성도들의 믿음이 록펠러, 빌 클린턴, 릭 워렌과 같은 "성도들"의 그것보다 못하다고 해야 할 판이니 말이다.

『내게 능력 주시는 그리스도를 통하여 내가 모든 것을 할 수 있느니라.』(빌 4:13)라는 말씀은 "교인들"로부터 아주 많이 오용되는 말씀이다. 예수님을 믿으면 어떤 일이라도 이룰 수 있으며(마 21:21), "신유"와 "방언"(막 16:17,18)등의 은사를 받을 수 있다는 자신들의 신앙을 투영하여 이 말씀을 받아들이기 때문이다. 그러나 보지 않고 믿는 시대(요 20:29)를 사는 우리들에게는 그런 약속들이 유효하지도 않거니와, 문맥만 살펴보아도 말씀을 오용한 것이라는 사실을 쉽게 알 수 있다. 바울은 비천에 처하든 풍부함에 처하든 문제없다는 사실을 언급하는 맥락에서 빌립소서 4:13을 썼다. 즉 바울은 원하는 것을 "믿음"으로 이뤄 내 보겠노라고 고백했던 것이 아니라, 오히려 원치 않는 것이 오더라도 기꺼이 감당해 내겠노라고 고백했던 것이다. 이것이야말로 진정한 성도의 믿음이다.

성령의 열매로서의 믿음은 이 악한 현 세상(갈 1:4)에서 그리스도인으로 살아가는 데에 필수적인 요소이다. 이를 통해 세상을 이길 수 있기 때문이다. 이 세상의 신인 사탄은 육신의 정욕과 안목의 정욕과 생의 자랑을 제시함으로써 우리로 하여금 사라져 버릴 것들에 인생을 낭비하도록 종용한다(요일 2:15-17). 그리고 그 시험에 굴복하지 않으면 박해와 고난으로 갚는다(딤후 3:12). 이러한 사탄의 회유와 압박은 때로 너무나도 거대하기에 어떤 사람들은 모든 것을 포기하고 왔던 길을 되돌아가기도 한다(행 13:13).

제아무리 사탄이라도 우리가 감당할 수 있는 것 이상의 시험을 줄 권한을 행사할 수는 없음에도(고전 10:13) 이런 일이 벌어지는 까닭은, 그가 "블러핑", 즉 문제를 과장해서 보여 주는 데에 탁월하기 때문이다. 이때 필요한 것이 바로 믿음이다(신 1:26-32). 육신의 눈으로 상황을 보면 겁에 질리기 마련이지만, 영적인 눈으로 하나님을 보면 전혀 겁먹을 필요가 없다는 것을 알게 되기 마련이다(왕하 6:15-17). 그 어떤 시험 앞에서도 요동치 않고 나아가고(마 14:28-32, 약 1:6-8) 싶은가? 그렇다면 상황 그 자체를 주시하지 말고, 모든 상황을 주관하실 수 있는 분을 주시하라!

믿음의 결과

> 『그러나 믿음이 없이는 하나님을 기쁘시게 할 수 없나니, 하나님께 나아가는 자는 그분이 존재하시는 것과 그분이 자기를 열심히 찾는 자들에게 보상하는 분이심을 마땅히 믿어야 하느니라』(히 11:6).

성령의 열매의 요소들은 기본적으로 모두 유업과 관련이 있지만, 믿음은 더더욱 그러하다. 믿음의 시련이 그리스도의 심판석에서의 상급을 결정하기 때문이다(벧전 1:7, 히 11:39 참조). 사람은 본래 고생하려고 태어나는 존재이기에

(욥 5:7, 창 3:17-19 참조), 그저 시련을 견뎌 냈다는 것만으로는 상을 받기에 충분치가 않다.

설령 주님을 섬기는 데에 분주했다고 해도 믿음이 없었다면 사정은 마찬가지다. 카인도 그러했다. 하나님께서 땅에 대한 저주를 선포하셨다는 점, 그리고 하나님께로부터 온 선물이 "피 흘림"이 선행되어야 하는 "가죽 옷"이었다는 점에 주의를 기울이지 않았기 때문이었다. 그는 어찌됐건 자신의 노고가 있으니 제물을 받아 주시겠거니 하고 제물을 드렸던 것이다. 이는 믿음으로 드린 아벨의 제사와는 대조되는 것이었다(히 11:4). 믿음으로 하지 않는 모든 것은 죄가 되기에(롬 14:23), 그런 종류의 것들은 결코 하나님께 받아들여질 수가 없다.

따라서 주님께로부터 오는 상급을 사모하는 성도들이라면 반드시 믿음을 지켜야 한다. 심지어 다섯 가지 면류관 중 두 개는 아예 받는 조건 자체가 믿음에 달려 있다고까지 할 수 있다. 생명의 면류관은 죽기까지 신실한(faithful) 성도에게 주어지고(계 2:10), 의의 면류관은 주님의 나타나심을 사모하면서 영적 전쟁을 치르는 가운데 믿음을 지킨 성도에게 주어지기(딤후 4:7) 때문이다.

사탄은 이를 매우 시기하기에 성도들이 상을 잃게끔 하려고 끊임없는 공세를 펼친다. 이에 맞서 끝까지 자신의 상을 방어해 내는 데에도 역시 믿음이 필요한데, 믿음은 성도를 지키는 방패이기도 하기 때문이다(엡 6:16). 요컨대 성도는 믿음으로 상을 획득하고, 믿음으로 상을 지켜 낸다. 따라서 우리는 자신이 믿음 안에 있는지를 늘 점검해 보아야 하는 것이다(고후 13:5).

어떤 사람들은 주 예수님을 구주로 영접한 지 오래 되었으면서도 믿음으로 살지 않고 세상 사람들과 똑같은 방식으로 산다. 그러면서도 믿음으로 사는 사람들이 특별한 것이고, 대개는 자신처럼 살지 않느냐고 스스로의 믿음 없음을 정당화한다. 그러나 예수님을 만

나고도 믿음을 갖지 못하는 것은 "이상한 일"이다(막 6:6). 거듭나지 못한 이방인조차 예수님께서 인정하시는 "큰 믿음"을 가질 수 있다는 점을 고려해 본다면(눅 7:9), 거듭난 성도가 믿음으로 살지 않고 있다는 것은 부끄러운 일이 아닐 수 없다. 믿음의 행보를 하지 못하는 성도는 세상에도 성도들 가운데에도 속하지 못한 채 화평을 잃어버리고 살다가(눅 22:55-62), 종국에는 완전한 파멸을 맞는다(딤전 1:19). 그들이 어떤 이유에서 믿음의 길을 저버렸는지는 알 수 없다. 그러나 어떤 비참함이 있었든, 어떤 두려움이 있었든, 어떤 부당함이 있었든 간에 목숨을 걸어서라도 다시 한번 믿음의 선택을 해 보는 편이 그들에게 더 좋으리라는 사실만큼은 확실하다고 하겠다(단 3:14-18, 에 4:12-16). 기껏 해야 유한할 뿐인 문제들에 얽매여 영원한 것들을 포기하는 사람만큼 어리석은 사람도 없을 것이기 때문이다(히 12:16,17, 고후 4:17,18).

■ 새롭게 깨달았거나 적용할 내용이 있다면 적어 보세요. ■

제4과
복습문제

1. 『그러므로 믿음은 들음에서 나오며 들음은 ( )에 의해서니라』(롬 10:17).

2. 믿음이란 감정의 영역에 있는 것이기에 인간이 마음대로 선택할 수 없는 것이다. (O , X)

3. 성령의 열매로서의 믿음은 드러나 보이는 사역의 열매나 믿음의 결과로 주님께로부터 얻은 물질적 축복을 가리키는 것일 수 있다. (O , X)

4. 『그러나 믿음이 없이는 하나님을 ( ) 할 수 없나니, 하나님께 나아가는 자는 그분이 존재하시는 것과 그분이 자기를 열심히 찾는 자들에게 ( )하는 분이심을 마땅히 믿어야 하느니라』(히 11:6).

5. 믿음으로 하지 않는 모든 것은 ( )가 된다(롬 14:23).

■ 새롭게 깨달았거나 적용할 내용이 있다면 적어 보세요. ■

NOTES

제5과
온유와 절제로 그리스도의 심판석을 대비하라

『이기려고 애쓰는 사람은 누구나 모든 일에 자제하나니 이제 그들은 썩어질 면류관을 받으려 하지만 우리는 썩지 않을 면류관을 받고자 함이라』(고전 9:25).

하나님을 향한 열매

피터 럭크만 박사는 갈라디아서 5:22,23의 성령의 아홉 가지 열매 중에서 사랑과 기쁨과 화평은 "내적인 열매"이고, 오래 참음과 친절과 선함은 "외적인 열매"이며, 믿음과 온유와 절제는 "하나님을 향한 열매"라고 주석하고 있다.

"하나님을 향한 열매" 중에서 "믿음"에 관해서는 『**우리 모두가 믿음의 하나 됨과 하나님의 아들을 아는 지식의 하나 됨에 도달하게 하고 온전한 사람이 되어 그리스도의 충만하심의 장성한 분량에까지 이르게 하려 하심이라.**』(엡 4:13)라는 말씀처럼 『**믿음의 하나 됨과… 지식의 하나 됨**』을 통해 『**그리스도의 충만하심의 장성한 분량**』에 이름으로써 "하나님을 향한 열매"를 맺어 드릴 수 있다.

하나님을 향한 열매 중에서 "온유"는 『**심겨진 말씀을 온유함으로 받으라.**』(약 1:21)라는 말씀처럼 하나님의 말씀에 대해 "온유함"을 가짐으로서 열매를 맺어 드릴 수 있다. 사람에 대한 "온유"는 "친절"과 가까운 의미이지만, 하나님과 하나님의 말씀에 대한 "온유"는 하나님과 하나님의 말씀에 대해 순종함으로써 온전히 낮아진 모습을 갖는 것을 의미하기 때문에 "겸손"과 매우 가까운 의미이다.

하나님을 향한 열매 중에서 "절제"는 『**이기려고 애쓰는 사람은 누구나 모든 일에 자제하나니 이제 그들은 썩어질 면류관을 받으려 하지만 우리는 썩지 않을 면류관을 받고자 함이라.**』(고전 9:25)라는 말씀처럼 우리의 면류관, 상급, 유업과 매우 밀접한 열매이다.

하나님을 향한 열매 온유

1. 온유의 일반적인 의미

"온유"의 사전적 의미는 "성격, 태도 따위가 온화하고 부드러움"이다. "성격"은 내적인 품성을 말하고, "태도"는 마음가짐이 드러난 자세를 말하는 것으로, 어떤 사람이 내면적으로 부드러운 것과 그것이 사람들에게 드러나는 것을 아울러 "온유"라고 한다는 사실을 알 수 있다.

성경에서도 온유라는 단어가 사전적 의미와 유사한 의미로 사용되고 있다. 일단 "온유"는 예수 그리스도께서 가지신 성품이다. **『나는 마음이 온유하고 겸손하니, 내 멍에를 메고 나에게서 배우라. 그리하면 너희가 너희 혼에 쉼을 얻으리라』**(마 11:29). **『"너희는 시온의 딸에게 말하라. 보라, 너의 왕이 네게 오시나니, 그는 온유하여 나귀, 곧 나귀 새끼인 어린 수나귀 위에 타셨도다." 하였더라』**(마 21:5).

사도 바울도 성도들에게 온유를 강조했다. **『모든 겸손과 온유와 오래 참음과 사랑 가운데서 서로 용납하고』**(엡 4:2). **『그러므로 너희는 하나님의 택함을 받은 거룩하고 사랑받는 자로서 자비로운 마음과 친절과 마음의 겸손과 온유와 오래 참음으로 옷입으라』**(골 3:12). **『아무도 비방하지 말며, 말다툼하지 말고, 유순하여 모든 사람들에게 온전한 온유함을 보이게 하라』**(딛 3:2).

사도 야고보와 사도 베드로도 성도들에게 온유를 강조했다. **『너희 가운데 현명하고 지식을 갖춘 자가 누구냐? 그는 선한 행실을 통하여 지혜의 온유함으로 자신의 행함을 나타내 보일지니라』**(약 3:13). **『오직 마음에 숨겨진 사람을 썩지 아니하는 것 곧 온유하고 고요한 영으로 단장할지니 그것은 하나님 보시기에 매우 값진 것이니라』**(벧전 3:4).

온유는 사도들이 성도들에게 성도로서 가져야 할 중요한 요건임을 강조하는 맥락 외에 조금 다른 맥락에서도 사용되었다. 우선 사도 바울이 고린도 성도들의 교만을 꾸짖을 때, "매"와 "온유의 영"을 대비했다. 『**너희가 무엇을 원하느냐? 내가 매를 가지고 너희에게 나아가랴? 아니면 사랑과 온유의 영으로 나아가랴?**』(고전 4:21) 갈라디아 성도들에게도 잘못을 행한 사람에 대해 "온유의 영"으로 그런 자를 바로잡으라고 말하고 있다. 『**형제들아, 어떤 사람이 무슨 잘못을 범하였으면 영적인 너희는 온유의 영으로 그런 자를 바로잡고 네 자신을 돌아보아 너도 시험을 받지 아니하도록 하라**』(갈 6:1). 잘못한 자에게 극단적인 화나 분노, 비난 등을 표출하지 말고 "온유의 영"으로 바로잡으라는 명령은 그러한 상황에서 자기 자신을 돌아보지 못함으로써 발생할 수 있는 시험을 피하기 위해서도 "온유"가 필요함을 간접적으로 언급한 것이다. 화를 내거나 분노를 가진 사람은 자기 자신을 돌아보기 힘들고, 시험에 들 수 있는 가능성이 높아지기 때문이다. 또한 사도 바울은 반대하는 자들에 대해 디모데에게도 조언할 때에도 "온유함"이 필요함을 말했다. 『**반대하는 자들을 온유함으로 바르게 잡아 주어야 하리니 그리하면 하나님께서 그들에게 회개하는 마음을 주셔서 진리를 깨닫도록 하실까 함이요**』(딤후 2:25). 강한 적대감은 반발심만을 조장하기 쉬우나, 온유한 대응은 정직한 반응을 불러일으킬 가능성을 높여 준다. 사도 바울은 "온유함"이 "회개하는 마음을 주셔서 진리를 깨닫게" 될 가능성을 언급함으로써 "온유함"의 필요성을 강조하고 있는 것이다.

사도 바울이 "온유"를 언급한 성경의 맥락은 "온유"하기 어려운 상황에서도 성도들이 "온유함"을 유지하는 것을 강조한다. "교만"을 책망하는 것, "잘못을 행한 자"를 바로잡는 것, "반대하는 자들"을 바로잡는 것은 오히려 상식적으로는 강하게 꾸짖거나 화를 내는 것이 더 효과적인 것이 아닌가 하는 생각도 들 수 있는 상황이다. 그러나 사도 바울은 이러한 상황에서도 "온유함"을 유지하도록 명령하고 있는 것이다.

2. 하나님께 대한 온유의 의미

성경에서 "온유"는 사람에 대한 마음가짐으로만 사용된 것이 아니고, 하나님께 대한 마음가짐으로도 사용되었다. 사람에 대한 마음가짐은 그 사람이 윗사람인지 동료나 아랫사람인지에 따라 약간 다를 수는 있지만, 그 대상이 사람이라는 측면에서는 유사하다고 할 수 있다. 그러나 하나님과 하나님의 말씀에 대한 마음가짐으로 사용된 "온유"는 그렇게 생각할 수 없다. 하나님에 대해서는 "교만"을 책망하는 것, "잘못을 행한 자"를 바로잡는 것, "반대하는 자들"을 바로잡는 것과 같은 상황과는 전혀 다르기 때문이다. 하나님과 하나님의 말씀에 대한 "온유"는 하나님과 하나님의 말씀에 대해 온전히 낮아진 모습을 갖는 것을 의미한다.

야고보는 하나님께서 주시는 하나님의 말씀을 받을 때 "온유함"으로 받으라고 말하고 있다. 『**그러므로 너희는 모든 더러움과 넘치는 악을 벗어 버리고, 너희 혼들을 구원할 수 있는, 심겨진 말씀을 온유함으로 받으라**』(약 1:21). 베드로는 성경 말씀을 다루는 일, 특히 성경 말씀으로 사람들에게 답변하는 것을 예비하는 일에서 "온유"를 강조한다. 『**그러나 너희 마음속에서 주 하나님을 거룩하게 여기며 너희 안에 있는 소망에 관한 이유를 묻는 모든 사람에게 답변할 것을 온유와 두려움으로 항상 예비하고**』(벧전 3:15). 이 말씀들에서 언급하는 "온유함"은 사람을 대하는 "온유함"이 아니다. 하나님과 하나님의 말씀을 대하여 온전히 낮아진 모습을 갖는 것을 의미하기 때문에 "겸손"과 매우 가까운 의미이다. 그러나 하나님과 하나님의 말씀에 대한 "온유"을 "겸손"이라는 단어로 완전히 대체할 수는 없다. "겸손" 또한 사람을 대하는 겸손과 하나님 앞에서의 겸손이 같을 수 없기 때문이다.

하나님과 말씀에 대한 "온유"가 "겸손"이라는 단어로 완전히 대체될 수는 없을지라도, 하나님과 말씀에 대한 "온유"의 반대말이 "교만"이라는 사실은 분명

하다. 일단 성경은 하나님의 말씀에 경청하지 않는 자들을 교만한 자들이라고 말씀하신다. 『**너희는 들으라. 그리고 귀를 기울이라. 교만하지 말라. 이는 주께서 말씀하셨음이니라**』(렘 13:15). 또한 성경은 하나님의 말씀을 따르지 않는 자들을 교만한 자들이라 말씀하신다. 『**주의 법을 따르지 아니하는 교만한 자들이 나를 해치려고 구덩이를 팠나이다**』(시 119:85). 더 나아가 성경은 하나님을 대적하는 것을 교만이라고 말씀하신다. 『**이는 그녀가 주를 거슬러 이스라엘의 거룩하신 분을 대적하여 교만하였음이니라**』(렘 50:29). 마지막으로 성경은 하나님을 잊는 것이 교만이라고 말씀하신다. 『**그들의 초장에 따라 그들이 배불렀으니, 그들이 배불렀으므로 마음이 교만해져 나를 잊었느니라**』(호 13:6). 성경은 하나님을 직접 대적하거나 잊는 것도 교만이라고 말씀하시고, 하나님의 말씀을 듣지 않고 따르지 않는 것도 교만이라고 말씀하시는 것이다.

하나님을 향한 열매 절제

1. 절제의 사전적인 의미

"절제"의 사전적 의미는 "정도에 넘지 아니하도록 알맞게 조절하여 제한함"이다. 절제하는 단어의 "절"은 조절을, "제"는 제한을 뜻한다. 또 유사한 단어로 "자제"가 있는데, 자제는 "자기의 감정이나 욕망을 스스로 억제함"이라는 뜻으로, "자제"에는 "조절"의 의미는 없고 "억제"의 의미만 있다. 즉 자제가 절제보다 좀 더 강한 "통제"의 어감을 지니고 있는 것이다. 절제로 번역되는 단어는 "신중"으로도 번역되는 sober와 "자제"로도 번역되는 temperate 등이 있는데, 영어 단어 구분 없이 우리말 "절제"와 "자제"를 기준으로 논의할 것이다.

2. 모든 그리스도인에게 요구되는 성품인 "절제"

"절제"는 남녀노소 "모든 성도"에게 주어진 명령할 뿐만 아니라, 그것이 모든 사람에게 알려질 정도여야 한다고 사도 바울은 말한다. **『너희의 절제가 모든 사람에게 알려지게 하라. 주께서 가까우시니라』**(빌 4:5). **『나이 많은 남자들은 신중하고 근엄하며, 절제하고 믿음과 사랑과 인내함에 건전하게 하고』**(딛 2:2). **『그들이 젊은 여자들을 가르쳐서 절제하고 남편을 사랑하며 자녀들을 사랑하고, 신중하며 정숙하고 집안 일에 힘쓰며 선하고 그들 자신의 남편에게 복종하게 하라. 이는 하나님의 말씀이 모독을 받지 않게 하려 함이라』**(딛 2:4,5).

"절제"는 감독, 즉 목사의 요건이다. **『그러므로 감독은 비난받을 일이 없어야 하고, 한 아내의 남편이어야 하며, 절제하고 신중하며, 예의 바르고 대접하기에 힘쓰며, 가르치기를 잘하고』**(딤전 3:2). **『대접하기를 좋아하고, 선한 사람들을 좋아하며, 신중하고 정의로우며, 거룩하고 절제하며』**(딛 1:8).

"절제"는 집사의 아내의 요건이다. **『그들의 아내들도 이와 같이 신중하고 중상하지 아니하며, 절제하고 모든 일에 신실해야 하리라』**(딤전 3:11).

3. 그리스도인의 상급과 유업을 위한 기초 "절제"

디모데후서 3장에는 마지막 날들에 있을 사람들의 악한 행실들이 열거되는데, 그 중에 "절제하지 못함"이 있다. **『무정하고, 화해하지 아니하며, 모함하고 절제하지 못하며, 사납고, 선한 것을 좋아하지 아니하며』**(딤후 3:3).

갈라디아서 5장에서 "성령의 열매"를 언급하기 직전 절들에서 "육신의 일들"이 먼저 열거되는데, "무절제"에 해당하는 육신의 일들도 함께 언급되고 있다. **『이제 육신의 일들은 분명히 나타나나니 곧 간음과 음행과 더러운 것과 음욕과 우상 숭배와 마술과 원수 맺음과 다툼과 질투와 분노와 투쟁과 분열과 이단**

들과 시기와 살인과 술 취함과 흥청거림과 또 그와 같은 것들이라. 내가 전에 말한 바와 같이 미리 말하노니 그런 짓들을 하는 자들은 하나님의 나라를 상속받지 못할 것이라』(갈 5:19-21).

갈라디아서 5:21에서 『**하나님의 나라를 상속받지 못할 것**』이라는 말씀은 구원받지 못한다는 뜻이 아니다. 이 말씀은 유업을 상속받지 못한다는 뜻이다. 그리스도인이 상속받는 유업은 두 종류인데, 하나는 "하나님의 상속자"(롬 8:17, 갈 4:7)로의 받는 유업으로서 "변화된 몸"과 "새 예루살렘"이고, 다른 하나는 "예수 그리스도와 함께한 공동 상속자"(롬 8:17)로서 받게 될 통치할 땅이다. "하나님의 상속자"로서 받게 되는 "변화된 몸"과 "새 예루살렘"은 무조건적으로 주어지는 유업이지만, 죄를 짓은 그리스도인들은 "공동 상속자"로서 받게 될 "땅"을 잃게 된다. 그러므로 상과 유업을 잃지 않도록 유의해야 한다. 그리고 이것을 판단받는 자리가 바로 "그리스도의 심판석"(고후 5:10)이다.

> 『이는 우리 모두가 반드시 그리스도의 심판석 앞에 나아가서 선이든지 악이든지 각자 자기가 행한 것에 따라, 자기 몸으로 행한 것들을 받을 것이기 때문이라』(고후 5:10).

영광의 상징인 다섯 가지 면류관

1. 썩지 않을 면류관

"썩지 않을 면류관"은 승리자의 면류관으로, 모든 일에 자제하고 몸을 억제하여 복종하게 하는 사람에게 주어진다. 『**이기려고 애쓰는 사람은 누구나 모든**

일에 자제하나니 이제 그들은 썩어질 면류관을 받으려 하지만 우리는 썩지 않을 면류관을 받고자 함이라』(고전 9:25).

2. 자랑의 면류관

"자랑의 면류관"은 구령자에게 주어지는 면류관이다. **『우리의 소망이나, 기쁨이나, 자랑의 면류관이 무엇이냐? 그가 오실 때 우리 주 예수 그리스도 앞에 있을 너희가 아니겠느냐? 이는 너희가 우리의 영광과 기쁨이기 때문이라』**(살전 2:19,20). **『그러므로 나의 참으로 사랑하고 사모하는 형제들아, 나의 기쁨이요 면류관인, 나의 참으로 사랑하는 자들아, 주 안에서 이처럼 굳게 서라』**(빌 4:1).

3. 의의 면류관

"의의 면류관"은 예수 그리스도의 나타나심, 곧 재림을 사모하는 사람에게 주어진다. **『내가 선한 싸움을 싸우고 달려갈 길을 마치고 믿음을 지켰으니 이 후로는 나를 위하여 의의 면류관이 마련되어 있어 의로운 재판관이신 주께서 그 날에 그것을 내게 주실 것이며 또 나뿐만 아니라 그의 나타나심을 사모하는 모든 사람에게도 주실 것이라』**(딤후 4:7,8).

4. 생명의 면류관

"생명의 면류관"은 "시험을 견뎌 내는 자"와 "순교자"에게 주어진다. **『시험을 견뎌 내는 자는 복이 있도다. 이는 그가 시련을 거친 후에 주께서 자기를 사랑하는 자들에게 약속하신 생명의 면류관을 받을 것이기 때문이라』**(약 1:12). **『죽기까지 신실하라. 그러면 내가 네게 생명의 면류관을 주리라』**(계 2:10).

5. 영광의 면류관

"영광의 면류관"은 신실한 목사들이 받게 되는 면류관으로, 하나님의 양 무리를 치고 돌보면서 양 무리의 본이 된 목자들에게 주어진다. 『**내가 너희 가운데 있는 장로들에게 권하노니 나도 장로 된 자요, 그리스도의 고난의 증인이며, 또한 장차 나타나게 될 영광에 동참하게 될 자라. 너희 가운데 있는 하나님의 양무리를 치고 돌보되 마지못하여 하지 말고 자원함으로 하며 더러운 이익을 위하여 하지 말고 준비된 마음으로 하며 하나님께서 맡겨 주신 자들을 지배하려 하지 말고 오직 양무리의 본이 되라. 그리하면 목자장이 나타나실 때 너희가 시들지 않는 영광의 면류관을 받으리라**』(벧전 5:1-4).

고난의 이유

성경은 그리스도인이 고난을 받는 것은 예수 그리스도와 함께 영광도 받게 하려는 것이라고 말씀하신다. 『**자녀이면 또한 상속자들이니 하나님의 상속자들이요, 그리스도와 함께한 공동 상속자들이니 우리가 그와 함께 고난을 받은 것은 함께 영광도 받게 하려 함이니라**』(롬 8:17). 영광에 합당한 간증 있는 삶으로 그리스도의 심판석에서 칭찬받는 그리스도인이 되는 것이 우리 삶의 첫째 목표가 되어야 할 것이다.

■ 새롭게 깨달았거나 적용할 내용이 있다면 적어 보세요 ■

제5과 복습문제

1. 『너희는 들으라. 그리고 귀를 기울이라. (   )하지 말라. 이는 **주**께서 말씀하셨음이니라』(렘 13:15).

2. 『그러므로 너희는 모든 더러움과 넘치는 악을 벗어 버리고, 너희 혼들을 구원할 수 있는, 심겨진 말씀을 (   )함으로 받으라』(약 1:21).

3. 『너희의 (   )가 모든 사람에게 알려지게 하라. 주께서 가까우시니라』(빌 4:5).

4. 『이는 우리 모두가 반드시 (   ) 앞에 나아가서 선이든지 악이든지 각자 자기가 행한 것에 따라, 자기 몸으로 행한 것들을 받을 것이기 때문이라』(고후 5:10).

5. 『이기려고 애쓰는 사람은 누구나 모든 일에 (   )하나니 이제 그들은 썩어질 면류관을 받으려 하지만 우리는 썩지 않을 면류관을 받고자 함이라』(고전 9:25).

6. 『자녀이면 또한 상속자들이니 하나님의 (   )들이요, 그리스도와 함께 한 (   )들이니 우리가 그와 함께 고난을 받은 것은 함께 영광도 받게 하려 함이니라』(롬 8:17).

NOTES

복습 문제 정답

제2과

1. X
2. X
3. O
4. 염려, 평강
5. 기도

제3과

1. X
2. X
3. 오래 참고
4. 강요
5. O

제4과

1. 하나님의 말씀
2. X
3. X
4. 기쁘시게, 보상
5. 죄

제5과

1. 교만
2. 온유
3. 절제
4. 그리스도의 심판석
5. 자제
6. 상속자, 공동 상속자

<추 천 도 서>

갈라디아서

피터 S. 럭크만 지음 / 192쪽

4,900원(eBook 3,900원)

본서는 휴거 때까지 우리들이 믿고 가르쳐야 할 구원의 올바른 기독교 교리들이 담고 있다. 특히 구원에 관해서 흔들리지 않는 확고한 기준 신학을 정립할 수 있다.

나는 어떻게 하나님의 종이 되었는가?

이송오 지음 / 128쪽

10,000원(eBook 7,000원)

〈한글킹제임스성경〉의 번역자 이송오 목사가 걸어 온 믿음의 발자취와 사역의 열매들을 생동감 있게 엮어 놓은 자서전이다.

20세기 순회설교자의 회고록

피터 S. 럭크만 지음 / 216쪽

10,000원(eBook 7,000원))

저자가 사역을 하면서 하나님의 말씀을 수호한 일, 개인 전도와 거리 설교로 복음을 전파하던 일, 여러 가지 이단적인 가르침으로부터 성도들의 믿음을 지킨 일, 그리고 수많은 열매들 등에 대한 기록이다.

썩지 않을 면류관

피터 S. 럭크만 지음 / 400쪽

20,000원(eBook 14,000원))

우리는 그의 모습에서 영적 전쟁의 치열한 모습을 보게 된다. 그럼에도 불구하고 그의 전 일생에 대해 은혜의 잔이 넘쳤다고 간증한다. 마찬가지로 독자들에게도 하나님의 은혜의 잔이 넘치기를 바란다.

솔로몬 성경공부 시리즈

성령의 아홉 가지 열매

초판인쇄 2024년 5월 16일
초판발행 2024년 5월 17일
지 은 이 / 편 집 부
발 행 인 / 박 승 용
발 행 처 / 말씀보존학회
출판등록 / 제409-2022-000036호
주 소 / 서울 강서우체국 사서함 제90호
전 화 / (02) 2665 - 3743
팩 스 / (02) 2665 - 3302
인 터 넷 / www.biblemaster.co.kr
판권소유 / 말씀보존학회

잘못된 책은 바꿔 드립니다.

값 10,000 원